Ernst Günter Tange

Zitatenschatz über Gott und die Welt

Eichborn.

Inhalt

Mechtilde Gräfin von Waldersee

gewidmet

Die Deutsche Bibliothek – CIP-Einheitsaufnahme

Zitatenschatz über Gott und die Welt / Ernst Günter Tange. –
Frankfurt am Main : Eichborn, 2002
ISBN 3-8218-3737-3

Umschlagillustration: Philip Waechter
Lektorat: Dr. Oliver Thomas Domzalski
Redaktion: Sassa Valérie Kraft
Satz: Fuldaer Verlagsagentur, Fulda
Druck und Bindung: Clausen & Bosse, Leck
ISBN 3-8218-3737-3

Verlagsverzeichnis schickt gern:
Eichborn Verlag, Kaiserstr. 66, D–60329 Frankfurt am Main
www.eichborn.de

Vor-Worte

Der verlorenste Tag aller Tage ist der, an dem man nicht gelacht hat. *Nicolas Chamfort*

Gott hat Humor, denn er hat den Menschen geschaffen. *Gilbert Keith Chesterton*

Mir gefällt der Humor am besten, der mich für fünf Sekunden zum Lachen und für zehn Minuten zum Nachdenken bringt. *William Davis*

Der fröhliche Mensch ist Gott näher.
Werner Mitsch

Nachdem Gott die Welt erschaffen hatte, schuf er Mann und Frau. Um das Ganze vor dem Untergang zu bewahren, erfand er den Humor.
Guillermo Mordillo

Was ist Gott?

Man erkennt Gott leicht, wenn man sich nicht damit abquält, ihn definieren zu wollen.

Joseph Joubert

Gott wäre etwas gar Erbärmliches, wenn er sich in einem Menschenkopf begreifen ließe.

Christian Morgenstern

Wer Gott definiert, ist schon Atheist.

Oswald Spengler

Gott kann Vater, Richter sein, er kann auch Uhrmacher des Kosmos sein, Mathematiker, Demiurg… aber ganz sicher ist er kein Pfarrer.

Hugo Steinhaus

Wir fühlen uns geleitet von einem unsichtbaren höheren Wesen. Die Natur dieses Wesens definieren und beschreiben zu wollen, ist eine ungeheure Anmaßung.

Voltaire

Gott:
das Allmächtigste, was es auf diesem Gebiet gibt.

ein Kind

– das, wovon etwas Größeres nicht gedacht werden kann. *Anselm von Canterbury*

– das einzige Wesen, das selbst dann herrschte,wenn es gar nicht vorhanden wäre.
Charles Baudelaire

– ein Zeuge, den man nicht vereidigen kann.
Samuel Beckett

– eine vom Menschen erdachte Hypothese bei dem Versuch, mit dem Problem der Existenz fertig zu werden. *Julian Huxley*

– die Summe von Bewußtsein im Universum.
Nikos Kazantzakis

– eine leere Tafel, auf der nichts weiter steht, als was du selbst darauf geschrieben. *Martin Luther*

– die Überwältigung unseres Inneren durch die Unendlichkeit. Die Kapitulation des menschlichen Begriffsvermögens vor der Welt.
Christian Morgenstern

– der erste Konterrevolutionär: Er versuchte aus dem Chaos eine Ordnung zu machen. *Zarko Petan*

– ein Steuereinnehmer, der voll Erbarmen die Steuer aus eigener Tasche bezahlt.

Sigismund von Radecki

Gott ist wie ein Spiegel. Spiegel bleiben sich immer gleich, aber jeder, der hineinblickt, sieht etwas anderes.

Anonym

Glaubt die Katze, daß Gott aussieht wie eine Katze?

Anonym

Glaubt ihr denn, daß der liebe Gott katholisch ist?

Georg Christoph Lichtenberg

Wenn eine Gans sich einen Gott erdichtet, dann muß er schnattern.

Michel de Montaigne

Wenn Dreiecke einen Gott hätten, würden sie ihn mit drei Ecken ausstatten.

Charles de Montesquieu

Was Gott an und für sich ist, wissen wir so wenig, als ein Käfer weiß, was ein Mensch ist.

Ulrich Zwingli

Ist Gott eine Frau?

Als Gott den Mann schuf, übte sie nur. *Anonym*

Natürlich ist niemand vollkommen – außer Gott, wenn sie existiert. *Graffito*

Ich weiß, daß Gott keine Frau ist. Eine Frau hätte die Menschheit nicht mit so vielen Fehlern geschaffen. *Jill M. Consideine*

Ich glaube wirklich, daß Frauen stärker sind als Männer. Vielleicht ist der liebe Gott sogar eine Frau. *Orson Welles*

Lebt Gott?

Gekritzeltes in der New Yorker U-Bahn: »Gott ist tot. Nietzsche.« –
Darunter: »Nietzsche ist tot. Gott.«

Gott ist nicht tot. Es geht ihm gut, aber er arbeitet an einem weniger ehrgeizigen Projekt.
Graffito

Gott ist nicht tot, sondern bloß beim ›Wort zum Sonntag‹ eingeschlafen. *Adolph Schalk*

Gäbe es Gott nicht, müßte man ihn erfinden.
Voltaire

Wo wohnt Gott?

Lieber Gott, wenn Du überall bist, wie kommt es, daß ich immer woanders bin? *Anonym*

Wenn Blitze am Himmel zucken, macht Gott Blitzlichtaufnahmen von seiner lieben Erde. *Anonym*

Gott ist überall, außer, wo er seinen Stellvertreter hat. *Italienisches Sprichwort*

Ich gebe dir einen Gulden, wenn du mir sagst, wo Gott wohnt. – Und ich gebe dir zwei Gulden, wenn du mir sagst, wo er nicht wohnt. *Chassidisch*

Nicht wo der Himmel ist, ist Gott, sondern wo Gott ist, ist der Himmel. *Gerhard Ebeling*

Im ganzen Weltenraum ist kein Gott zu sehen, wird oft gesagt; ich habe auch noch nie in den Rillen der Schallplatte nur einen einzigen Ton aufspüren können. *Ernst R. Hauschka*

Gott ist überall. Ist er deshalb so schwer zu finden? *Werner Mitsch*

Suche Gott nirgends als überall! *Jean-Paul Sartre*

Gott als Schöpfer

Natürlich hat Gott den Mann vor der Frau erschaffen. Schließlich macht jeder Künstler zuerst einen Rohentwurf, bevor er das eigentliche Meisterwerk schafft. *Anonym*

Daß Gott das Weib zuletzt schuf, hat seinen Grund. Er wollte sich, als er den Mann machte, keine guten Ratschläge anhören. *Anonym*

Als Gott den Menschen erschuf, war er bereits müde – das erklärt vieles. *Graffito*

Gott muß von Adam sehr enttäuscht gewesen sein, er hat Eva so anders gemacht! *Graffito*

Gott hat die Zeit geschaffen und der Mensch die Hast. *Irisches Sprichwort*

Gott schuf die Zeit – von Eile hat er nichts gesagt. *Motto einer Sonnenuhr*

Gott hat auch die Dummheit geschaffen, aber er hat sie gerecht verteilt. *Konrad Adenauer*

Ich glaube nicht an Gott, ich sehe ihn täglich – in seiner Schöpfung. *Jean Henri Fabre*

Auch Gott lernt dazu. Man merkt das an den Verbesserungen bei der Erschaffung der Frau gegenüber der des Mannes. *Zsa Zsa Gabor*

Warum sollten wir uns damit begnügen, Kopien zu sein, wo Gott uns als Originale in die Welt gesetzt hat? *Billy Graham*

Ich bin fest davon überzeugt, daß sich Gott jeden Menschen anders gedacht hat, denn Uniformität ist eine Erfindung der Menschen.

Ernst R. Hauschka

»Ich preise Gott, daß er mich gemacht hat!« Niemand hat mehr Ursache dazu als du, es muß ihn Überwindung gekostet haben. *Friedrich Hebbel*

Wie gütig ist Gott! Er schuf Menschen, damit ich mich ernähren kann! sagte ein Bandwurm.

Friedrich Hebbel

Gott war sich vor der Schöpfung selbst ein Geheimnis, er mußte schaffen, um sich selbst kennenzulernen. *Friedrich Hebbel*

Im Tierreich sind die Männchen schöner als die Weibchen. Diesen Fehler hat Gott beim Menschen korrigiert. *Martin Held*

Vielleicht lacht ja Gott selbst ununterbrochen darüber, wie Schöpfung und Mensch geplant waren und was tatsächlich daraus geworden ist.
Dieter Hildebrandt

Gott sagte: Ich war ein Schatz, den niemand kannte, und wollte bekannt werden. Da schuf ich den Menschen. *Hugo von Hofmannsthal*

Gott hat nur Wasser geschaffen, aber der Mensch machte den Wein. *Victor Hugo*

Gott schuf die Welt aus dem Nichts. Der Mensch befördert sie dorthin zurück.
Hanns-Hermann Kersten

Wer weiß, wie viele Wörter Gott probiert hat, bevor er das eine fand, durch das die Welt erschaffen wurde. *Stanislaw Jerzy Lec*

Gott liebt den kleinen Mann. Er hat so viele von seiner Sorte gemacht. *Abraham Lincoln*

Gott hat den Menschen erschaffen, weil er vom Affen enttäuscht war. Danach hat er auf weitere Experimente verzichtet. *Mark Twain*

Gott schuf den krähenden Hahn und der Mensch den tropfenden. *Werner Mitsch*

Gott, warum hast du die Frauen nicht zuerst erschaffen – als du noch frisch warst?
Yves Montand

Es gibt nur die eine Gotteslästerung: Gott habe den Menschen nach seinem Ebenbilde geschaffen.
Oscar Herbert Pfeiffer

Vor Gott sind alle Mensch gleich, aber geschaffen hat er sie ungleich. *Max Rychner*

Gott schuf den Mann. Dann sagte er sich: Das kann ich noch besser. Und schuf die Frau.
Adela Rogers Saint Johns

Der Körper einer jungen Frau ist Gottes größte Schöpfung … Er hätte ihn natürlich für längere Haltbarkeit gestalten können, aber man kann nicht alles haben. *Neil Simon*

Als Gott am sechsten Schöpfungstag alles ansah, was er gemacht hatte, war zwar alles gut, aber dafür war auch die Familie noch nicht da.

Kurt Tucholsky

Wenn man an Gott glaubt, dann muß man auch glauben, daß er den Teufel gemacht hat. Und zwar zur Unterscheidung. Wenn alles weiß ist, erkennt man nichts. Schwarz gehört zum Erkennen dazu. *Peter Ustinov*

Der Fortschritt ist nicht aufzuhalten: Gott schuf die Welt in sechs Tagen. Und was haben wir heute? Die Fünf-Tage-Woche. *Peter Ustinov*

Wenn Gott die Menschen hätte anders haben wollen, als sie sind, dann hätte er sie auch anders geschaffen. *Voltaire*

Gott schuf dich, damit du ihn liebst, nicht, damit du ihn verstehst. *Voltaire*

Vermutlich hat Gott die Frau erschaffen, um den Mann kleinzukriegen. *Voltaire*

Manchmal glaube ich, daß Gott seine Fähigkeiten überschätzte, als er den Menschen schuf.

Oscar Wilde

Was tut Gott (nicht)?

Mit Enkelkindern entschädigt uns Gott für das Altwerden. *Anonym*

Was Gott verbergen will, setzt er uns direkt vor die Nase. *Anonym*

Gott hilft immer, nur nicht bei den Hausaufgaben. *Tobias, 12 Jahre*

Gott gibt jedem Vogel sein Futter, aber er wirft es ihm nicht ins Nest. *Sprichwort aus Montenegro*

Gott schenkt dir das Gesicht, lächeln mußt du selber! *Irisches Sprichwort*

Das hat der liebe Gott nicht gut gemacht. Allen Dingen hat er Grenzen gesetzt – nur der Dummheit nicht! *Konrad Adenauer*

Gott denkt in den Genies, träumt in den Dichtern und schläft in der übrigen Menschheit. *Peter Altenberg*

Gott kann nicht immer überall sein; deshalb sorgte er dafür, daß es Mütter gibt. *Sir Erwin Arnold*

Was der liebe Gott von Geld hält, kann man an den Leuten sehen, denen er es gibt. *Peter Bamm*

Wasser ist nicht zum Trinken da, sonst hätte Gott nicht soviel davon gesalzen. *Brendan Behan*

Er hatte ein Gesicht, das einen wieder einmal daran erinnerte, daß Gott Humor besitzt.
Bill Bryson

Es gibt Zufälle, an denen sind noch die Fingerabdrücke Gottes. *Nikolaus Cybinski*

Es ist das große Wunder des Herrgotts, mit einer Nase, einem Mund und zwei Augen so viele Gesichter machen zu können. *Eugène Delacroix*

Der Zufall ist Gottes Deckname, wenn er sich nicht zu erkennen geben will. *Anatole France*

Die Kunst ist eine Zusammenarbeit zwischen Gott und den Menschen. Je weniger der Mensch dabei tut, desto besser. *André Gide*

Die genaueste Vorstellung von der Machtlosigkeit des Menschen haben sicherlich Gott und der Dackel. *George Mikes*

Wenn Gott auf der Fünftagewoche bestanden hätte, gäbe es heute keine Menschen. *Oliver Pratt*

Zufall: das Pseudonym, das der liebe Gott sich zulegt, wenn er unerkannt bleiben möchte.
Albert Schweitzer

Freunde: Gottes Entschuldigung für Verwandte.
George Bernard Shaw

Jedes Kind bringt die Botschaft mit sich, daß Gott die Menschheit noch nicht aufgegeben hat.
Rabindranath Tagore

Gotteslästerung: etwas, wogegen der Staatsanwalt empfindlicher ist als Gott selbst.
Claude Tillier

Wem Gott ein Amt gibt, dem gibt er auch Verstand. Nur werden die Ämter leider nicht von Gott vergeben. *Gerhard Uhlenbruck*

Wenn man sieht, was der liebe Gott auf Erden alles zuläßt, hat man das Gefühl, daß er immer noch experimentiert. *Peter Ustinov*

Erbitte Gottes Segen für deine Arbeit, aber verlange nicht auch noch, daß er sie tut.
Karl Heinrich Waggerl

Das Verhältnis der Menschen zu Gott

Der Mensch denkt, und Gott schlägt die Hände über dem Kopf zusammen. *Graffito*

Vertrau dein Kamel der Allmacht Gottes an, aber binde es vorher fest an einen Baum!
Marokkanisches Sprichwort

Die meisten Leute möchten Gott dienen – aber nur als Berater. *»Sunday Express«, London*

Schönheit ist eines der seltenen Wunder, die unsere Zweifel an Gott verstummen lassen.
Jean Anouilh

Die Menschen sehen Gott jeden Tag, sie erkennen ihn nur nicht. *Pearl Bailey*

Verehrung ist das, was der Mensch für Gott und der Hund für den Menschen empfindet.
Ambrose Bierce

Zum Glück kann man Gott lieben, ohne die Priester zu lieben. *George Bizet*

Die Menschen kommen durch nichts den Göttern näher, als wenn sie Menschen glücklich machen.
Marcus Tullius Cicero

Gott finden: aufhören, ihn zu suchen.
Elazar Benyoetz

Wer Gott sucht, hat ihn schon gefunden.
Graham Greene

Der Mensch dachte sich sein eigenes Gegenteil; da hatte er seinen Gott. *Friedrich Hebbel*

Wer zu sich selber nein sagt, kann nicht zu Gott ja sagen. *Hermann Hesse*

Wir können auf Gott nur zählen, wenn wir nicht mit ihm rechnen. *Johannes Willibald Hofmann*

Man hat, wenn man von den großartigsten Erfindungen redete, die der Menschheit gelungen sind, diese meistens vergessen: Gott. *Ludwig Hohl*

Erkennen: ein Nachdenken der Gedanken Gottes.
Karl Jaspers

Wer sucht, findet nicht, aber wer nicht sucht, wird gefunden. *Franz Kafka*

Und wenn wir Deutschen Gott und sonst nichts auf der Welt fürchten, so respektieren wir selbst ihn nicht um seiner Persönlichkeit willen, sondern wegen des Geräusches seiner Donner.

Karl Kraus

Gott schuf den Menschen nach seinem Bilde. Das heißt vermutlich: Der Mensch schuf Gott nach dem seinigen! *Georg Christoph Lichtenberg*

Zu Gott haben die Menschen das Verhältnis wie zu einem Vater: Sie besuchen ihn am Sonntag, wenn sie gute Kinder sind. Aber an den Wochentagen wollen sie sich von ihm nicht dreinreden lassen. *Wilhelm Lichtenberg*

Kein Problem wird gelöst, wenn wir träge darauf warten, daß Gott allein sich darum kümmert.

Martin Luther King

Der Mensch ist wahrlich verrückt. Er kann nicht einmal einen Wurm erschaffen und erschafft doch dutzendweise Götter. *Michel de Montaigne*

Wer Gott aufgibt, der löscht die Sonne aus, um mit einer Laterne weiterzuwandern.

Christian Morgenstern

Wenn der Mensch versteht, daß es sinnlos ist, verstehen zu wollen, hat er alles verstanden, das zu verstehen sich lohnt. *Jean-Paul Sartre*

Wer Licht macht, kann die Sterne nicht sehen. Wer Lärm macht, kann Gottes Atemzug nicht hören. *Stijn Streuvels*

Bewundern wir eine eindrucksvolle Maschine, so schließen wir auf einen genialen Konstrukteur. Da das Weltall ohne Zweifel eine wunderbare Maschine ist, müssen wir auch davon ausgehen, daß eine überragende Intelligenz existiert, die sie erschaffen hat – wo immer sie sich verbergen mag. Dieser Gottesbeweis ist, obwohl sehr alt, noch immer schlüssig. *Voltaire*

Wären wir in allem frei, so wären wir Gott.
Voltaire

Wer ist wohl der wahre Gottverehrer? Derjenige, der zu Gott spricht, ich verehre dich und diene dir, oder jener, der zu Chinesen, Indern, Russen und Türken sagt: Ich liebe euch? *Voltaire*

Jeder Gewissensbiß ist ein Ahnen Gottes.
Peter Ustinov

Jesus und das Christentum

Kann sein, daß beim Letzten Abendmahl keine Frauen anwesend waren, aber beim nächsten sind wir garantiert dabei. *Bella Abzug*

Jesus hat seinen Nächsten die Füße gewaschen – nicht den Kopf. *Marianne Fricke*

Neben jeder Krippe, worin ein Heiland oder eine welterlösende Idee den Tag erblickt, steht ein Ochse, der ruhig frißt. *Heinrich Heine*

Wenn ich etwas an Christus verstehe, so ist es das: »Und er entwich vor ihnen in die Wüste.«
Christian Morgenstern

In vielen Familien bedeutet Christentum heutzutage nur noch, daß man zur Großmutter und zur Katze freundlich ist. *R.C. Bedford*

Wer »auf dem Boden des Christentums steht«, tritt es leicht mit Füßen. *Günther Debon*

Das Christentum ist eine gewaltige Macht. Daß zum Beispiel protestantische Missionare aus Asien unbekehrt wieder nach Hause kommen – das ist eine große Leistung. *Kurt Tucholsky*

Religion – was ist das?

Religion:
Sammelbegriff für alle Konfessionen, von denen jede den Anspruch erhebt, uns den besten Weg zeigen zu können. *Anonym*

– eine Tochter der Furcht und der Hoffnung, die der Unwissenheit die Natur des Unbegreiflichen erklärt. *Ambrose Bierce*

– Versicherung im Diesseits gegen Feuer im Jenseits. *Robert Lembke*

– das, was die Armen davon abhält, die Reichen umzubringen. *Napoleon I.*

– die Suche in einem dunklen Raum nach einer schwarzen Katze, wenn keine Katze da ist und doch plötzlich einer ruft: »Ich habe sie gefangen.« *Manfred Rommel*

– die Melodie, die ein einsam durch die Einöde Wandernder pfeift, um sich Mut zu machen. *Wilhelm von Scholz*

– für die meisten etwas, woran man glaubt, weil man glaubt, daß der andere daran glaubt.

Hjalmar Söderberg

Wenn einer behauptet, er komme ohne Religion aus, dann hat er eben eine Art Religion, ohne die man auskommen kann. *Anonym*

Die Naturwissenschaft ohne Religion ist lahm, die Religion ohne Naturwissenschaft aber ist blind. *Albert Einstein*

Ein wenig Wissen entfremdet Menschen oft von der Religion, tieferes Wissen bringt sie zu ihr zurück. *Dean William Ralph Inge*

Ist es nicht seltsam, daß die Menschen so gern für ihre Religion fechten und so ungern nach ihren Vorschriften leben? *Georg Christoph Lichtenberg*

Der Bayer hat ein irdisches Verhältnis zur Religion und ein mystisches zum Bier.

Johann Baptist Metz

Es gibt mehr Religionen, als es Wahrheiten geben kann. *Werner Mitsch*

Mit der Moral ist es wie mit der Religion: Man muß immer glauben, daß es sie gibt, und einer muß vom anderen annehmen, daß er sie hat.

Ludwig Thoma

Der Mensch hat zwei Beine und zwei Überzeugungen: eine, wenn's ihm gutgeht, und eine, wenn's ihm schlechtgeht. Die letztere heißt Religion. *Kurt Tucholsky*

Alle Menschen haben, ohne sich dessen bewußt zu sein, nur **eine** Religion. Wir sind Kinder, die in verschiedenen Sprachen zum **gleichen** Vater sprechen. *Voltaire*

Glaube ist Gewißheit ohne Beweise

Glaube:
so etwas wie Liebe – er beruht nicht auf Gründen, sondern auf Tatsachen. *Anonym*

– das, was einen schon beim Holzhacken die wohlige Wärme des Herdfeuers spüren läßt.
Anonym

– die Fortsetzung der Vernunft. *William Adams*

– Gewißheit ohne Beweise. *Henri-Frédéric Amiel*

– für wahr halten, was man nicht sieht.
Aurelius Augustinus

– eine Art von sechstem Sinn, der wirksam wird, wenn die Vernunft versagt. *Mahatma Gandhi*

– ein persönliches Verhältnis zu Gott.
Martin Niemöller

– der Vogel, welcher singt, wenn die Nacht noch dunkel ist. *Rabindranath Tagore*

glauben:
wissen, daß es ein Meer geben muß, wenn man einen Bach sieht. *Anonym*

– auf etwas vertrauen, von dem du weißt, daß es nicht existiert. *Mark Twain*

Wo das Wissen aufhört, fängt der Glaube an.
Aurelius Augustinus

Nur was wir glauben, wissen wir gewiß.
Wilhelm Busch

Wer in Glaubenssachen den Verstand befragt, kriegt unchristliche Antworten. *Wilhelm Busch*

Es ist leichter, an den flammenden Dornbusch zu glauben als daran, daß wir unser zweites Paar Schuhe dem geben sollen, der keins hat.
Günther Debon

Die verstehen sehr wenig, die nur das verstehen, was sich erklären läßt.
Marie von Ebner-Eschenbach

Der Glaube an Gott ist wie das Wagnis des Schwimmens: Man muß sich dem Element anvertrauen und sehen, ob es trägt. *Hans Küng*

Dom, Kirche, Gotteshaus

Wer einen **Dom** zehnmal gesehen hat, hat etwas gesehen; wer zehn Dome einmal gesehen hat, hat nur wenig gesehen; und wer je eine halbe Stunde in hundert Domen verbracht hat, hat gar nichts gesehen. *Sinclair Lewis*

Ein Steinhaufen hört auf, ein Steinhaufen zu sein, sobald ein einziger Mensch ihn betrachtet, der das Bild einer **Kathedrale** in sich trägt.
Antoine de Saint-Exupéry

Gotteshaus:
ein Gebäude mit einem Turm und einer Hypothek. *Ambrose Bierce*

Kirche:
Gebäude, wo der Pfarrer Gott verehrt und die Frauen den Pfarrer. *Ambrose Bierce*

– der einzige Ort, wo jemand zu mir spricht, ohne daß ich ihm zu antworten brauche.
Charles de Gaulle

– Institution, auf deren Gebiet Gebet Gebot ist.
Ron Kritzfeld

– ein Ort, wo Menschen vom Himmel Wunderdinge erzählen, die niemals dort waren. Und dies Menschen gegenüber, die nie dort eintreffen werden. *Henry Louis Mencken*

Wir können uns zwar Gott ohne die Kirche vorstellen, aber nicht die Kirche ohne Gott.
Thomas Mann

Viele gehen heute nicht mehr in die Kirche, weil man dort Gott kaum noch erwähnt. *Arthur Miller*

Kirchtürme:
umgekehrte Trichter, das Gebet in den Himmel zu leiten. *Georg Christoph Lichtenberg*

Ein Blitzableiter auf einem Kirchturm ist das denkbar stärkste Mißtrauensvotum gegen den lieben Gott. *Karl Kraus*

Glocken:
die Artillerie der Geistlichkeit.
Aus den »Fliegenden Blättern«

In der mittelalterlichen Stadt waren die Glocken Massenmedien. *Bernd Roeck*

Selbst Gott braucht die Werbung. Er hat Glocken. *Aurélien Scholl*

Kanzel:
hochgelegene Kiste, in die der Pfarrer klettert, da er fürchtet, daß die Leute andernfalls seine gehobene Position nicht zur Kenntnis nehmen.
Ambrose Bierce

Fragen, auf die es keine Antwort gibt, sollten auf der Kanzel gar nicht aufgeworfen werden.
Rosalie Perles

Schild auf einem **Kirchenparkplatz:** »Nur für Gottesdienstbesucher. Parksündern wird nicht vergeben.« *Anonym*

Friedhöfe:
Örtlichkeiten, die voll sind von Leuten, die sich für unentbehrlich hielten. *Georges Clemenceau*

Man könnte viele Beispiele für unsinnige Ausgaben nennen, aber keines ist treffender als die Errichtung einer Friedhofsmauer. Die, die drinnen sind, können sowieso nicht hinaus, und die, die draußen sind, wollen nicht hinein.
Mark Twain

Was ich mich bei Heldenfriedhöfen immer frage: Wo liegen eigentlich die Feiglinge?

Bloor Schleppey

Wenn man die Inschriften auf den Friedhöfen liest, fragt man sich unwillkürlich, wo denn eigentlich die Schurken begraben liegen.

Peter Sellers

Gottes Bodenpersonal

Ich habe immer nettes Bodenpersonal vom lieben Gott getroffen. *Margarete Schreinemakers*

Papst:
der einzige Konzern-Vize, der seinen Chef nie zu sehen bekommt. Nicht einmal bei der Weihnachtsfeier. *Anonym*

Wer Papst werden will, darf an nichts anderes denken. *Spanisches Sprichwort*

Mir ist aufgefallen, daß zwei Dinge im Vatikan sehr schwer zu bekommen sind: Ehrlichkeit und eine gute Tasse Kaffee. *Johannes Paul I.*

Sie war eine Blondine von der Art, die einen **Bischof** dazu bringen kann, mit einem Ball ein Loch in ein Kirchenfenster zu schießen.
Raymond Chandler

Die Bischöfe sollen gute Christen sein, aber nicht gute Christdemokraten. *Bettino Craxi*

Ein deutscher katholischer Bischof ist jemand, der über Armut spricht. Ein französischer Bischof ist jemand, der arm ist – das ist der Unterschied.
Alfred Grosser

Priester:
Leute, die, statt Hand anzulegen, sich mit Handauflegen begnügen. *Ron Kritzfeld*

Was ist ein katholischer Priester? Jemand, zu dem alle Vater sagen dürfen, außer seinen eigenen Kindern. *Anonym*

Wie sich die Raupe die schönsten Blätter aussucht, um ihre Eier abzulegen, so legt der Priester seinen Fluch stets auf die schönsten Freuden.
William Blake

Es ist ungerecht, Priestern das Heiraten zu verbieten. Womit haben sie dieses Privileg verdient?
Ramón Sanchez

Als man einen Priester fragte, warum er immer nur mit den Reichen feiere, statt sich um die Armen zu kümmern, antwortete er: »Es gibt so viel Elend in der Welt. Meist unter den Menschen, die besonders viel Geld besitzen.«
Franz-F. Schart

Gott weiß, warum er seine Priester vor der Ehe schützt. *Werner Schneyder*

katholischer Pfarrer:
ein Mensch, der lehrt, wie man mit Problemen

fertig wird, die dadurch entstehen, daß man kein Pfarrer ist. *Anonym*

Seufzer eines Pfarrers: »Ach, dieses Volk! Nirgends Respekt. Und die Demut ist wahrhaft die seltenste aller Tugenden geworden. Gott sei Dank – ich hab sie.« *Anonym*

Prediger erzielen die stärkste Wirkung, wenn sie dabei mit Gesten gegen einen Bienenschwarm anzukämpfen scheinen. *Abraham Lincoln*

Unser **Pastor** ist wie der liebe Gott. Am Sonntag ist er unbegreiflich, und während der Woche ist er unsichtbar. *ein Kirchenbesucher*

Schild in einer Londoner Kirche: »Gesucht: Arbeiter für Gott. Viele Überstunden.«
»The Daily Telegraph«, London

Mönche:
Menschen, die sich zum Einzeller zurückentwikkelt haben. *Hanns-Hermann Kersten*

Ein **Dominikaner** fragte einen **Jesuiten:** »Stimmt es, daß die Jesuiten auf eine Frage stets mit einer Frage antworten?«
»Wer hat Ihnen das gesagt?« antwortete der Jesuit. *Anonym*

Heiliger:
ein toter Sünder, überarbeitet und neu herausgegeben. *Ambrose Bierce*

Heilige:
Leute, die posthum Karriere machen.
Gabriel Laub

Das Gegenteil der Heiligen sind nicht die Sünder, sondern die Scheinheiligen. *Glenn Close*

Ich lese die Lebensläufe der Heiligen gern von hinten, im Glauben, es könnte vielleicht einer mit der Zeit wieder ein Mensch werden.
Stanislaw Jerzy Lec

Die geschnitzten Heiligen haben in der Welt mehr ausgerichtet als die lebendigen.
Georg Christoph Lichtenberg

Propheten sind wie Sterne – wenn ihre Botschaft die Menschen erreicht, gibt es sie vielleicht nicht mehr. *Tennessee Williams*

Märtyrer sind unangreifbar. Je mehr Schmutz man nachträglich auf sie werfen möchte, desto reiner wird ihr Bild. *Tadeusz Wolkowski*

Christ:
jemand, der das Neue Testament für ein göttlich inspiriertes Buch hält, welches den geistlichen Bedürfnissen seines Nächsten wunderbar entgegenkommt. *Ambrose Bierce*

– jemand, der die Lehre Christi insoweit befolgt, als sie sich mit einem Sündenleben vereinbaren läßt. *Ambrose Bierce*

In meinem ganzen Leben habe ich keinen Menschen getroffen, der nicht das Unglück anderer ganz wie ein Christ ertragen hätte. *Alexander Pope*

Christen:
Menschen, die das Unglaubliche glauben.
Ron Kritzfeld

Man fragte mich, ob es wirkliche Atheisten gäbe. Gegenfrage: Gibt es wirkliche Christen?
Denis Diderot

Raketenchristen:
die die Erde nur als Abschußrampe für ihre Himmelfahrt betrachten. *Gottfried Edel*

Wer glaubt, ein Christ zu sein, weil er die Kirche besucht, irrt sich. Man wird ja auch kein Auto, wenn man in eine Garage geht. *Albert Schweitzer*

Ein wahrer **Gläubiger** setzt sich aus Fragen zusammen, ein wahrer Gott aus Antworten.

Stanislaw Jerzy Lec

Die moderne Welt ist voll von Menschen, die so fest an Dogmen glauben, daß sie gar nicht mehr wissen, daß es Dogmen sind.

Gilbert Keith Chesterton

Wann wird es das wieder geben, daß einer aufsteht und sagt: »Hier stehe ich, ich kann nicht anders«, statt des heute üblichen: »Ich würde sagen, daß …«?

Eugen Küpper

Gottesdienst: Predigt und Gebet

Ritual:
festgeschriebene Handlung, über deren Sinn sich der Ausführende in den wenigsten Fällen Gedanken macht. *Anonym*

Predigt:
eine Ansprache, die häufiger die Zuhörer als das Thema erschöpft. *Anonym*

– etwas, das wir gut finden, wenn es über unseren Kopf hinweg den anderen trifft. *Anonym*

Es sagte ein Kirchgänger nach dem Gottesdienst: »Großartige Predigt heute! Endlich hab' ich einmal nicht das Gefühl gehabt, daß er mich meint.« *Anonym*

Nach einer guten Predigt fragt man sich unwillkürlich, wieso der Pfarrer eigentlich so genau über einen Bescheid weiß. *Anonym*

Ein Pastor besteigt die Kanzel und beginnt seine Ansprache mit den Worten: »Liebe Christen, die Predigt fällt heute aus, denn ich habe euch etwas zu sagen.« *Anonym*

Lassen Wendungen wie: ins Gebet nehmen, abkapiteln, abkanzeln, die Leviten lesen, eine Strafpredigt halten generell auf das Verkündigen der Frohen Botschaft schließen? *Karlheinz Deschner*

Die Welt ist voll von Leuten, die Wasser predigen und Wein trinken. *Giovanni Guareschi*

Daß in den Kirchen gepredigt wird, macht deswegen die Blitzableiter auf ihnen nicht unnötig.
Georg Christoph Lichtenberg

Wenn Menschen Liebe gepredigt wird, lernen sie nicht lieben, sondern predigen. *Alice Miller*

Predigen ist wie die Ölsuche in der Nordsee: Wenn man nicht nach zehn Minuten fündig geworden ist, war alle Mühe vergebens.
Robin Page

›Wort zum Sonntag‹:
die Predigt, die denen, die sie am Sonntag verpassen, schon am Samstag verpaßt wird.
Anton Neuhäusler

beten:
darum bitten, daß die Gesetze des Universums zugunsten eines einzelnen, nach eigenem Geständnis unwürdigen Bittstellers aufgehoben werden. *Ambrose Bierce*

Gebet:
ein himmelwärts gerichteter Wunsch. *Anonym*

Wenn Menschen Gott um etwas bitten, dann meistens, zwei und zwei möge nicht vier sein.
Anonym

Bete zu Gott, aber vergiß nicht, ans Ufer zu rudern! *Sprichwort*

»Mama«, sagt die kleine Anna, »ich spreche jetzt mein Abendgebet. Braucht ihr was?« *Anonym*

Gebet eines Schriftstellers: Vater unser im Himmel, der du auch ein Buch geschrieben hast ...
Anonym

Wenn die Mädchen wüßten, wie schön das Beten macht, wären sie alle viel frommer.
Günther Debon

Beim Beten und Rasieren macht der Mensch ein gleich andächtiges Gesicht. *Friedrich Hebbel*

Gott sortiert Gebete sicherlich nicht nach Konfessionen. *Johann Gottfried Herder*

Daß die alte Sitte des Tischgebetes nahezu vollständig verschwunden ist, liegt auch an den geänderten Lebensumständen. Ein Tischgebet bei McDonald's will einem nicht so recht gelingen.
Hermann Lübbe

In schwierigen oder verzweifelten Situationen kann man sich manchmal mit saftigen Flüchen mehr Erleichterung verschaffen als mit dem schönsten Gebet. *Mark Twain*

Die meisten Gebete laufen auf eine Veränderung der Naturgesetze hinaus. *Werner Mitsch*

Es gibt wenige Menschen, die es wagen dürften, ihre geheimen Bitten und Gebete zu Gott öffentlich hören zu lassen. *Michel de Montaigne*

Nicht alle Gebete werden erhört. Gott kann auch nein sagen. *Karl Heinrich Waggerl*

Müßte man statt Gebeten Geld emporsenden, fast alle wären Atheisten. *Emmanuel Wertheimer*

Worum wir Gott wirklich bitten, ist doch meist: Herr, nicht dein Wille geschehe, sondern der meine. *Anonym*

Herr, vergib ihnen nicht, denn sie wissen genau, was sie tun. *Anonym*

Lieber Gott, rufe mich, wann Du willst, nur nicht heute nacht. *Irisches Abendgebet*

Lieber Gott, hilf mir, mein großes Maul zu halten, wenigstens so lange, bis ich genau weiß, über was ich rede. *Tafel in einem Sitzungssaal*

Wie vielen doch Augustinus aus der Seele sprach: Herr, gib mir Keuschheit, nur nicht gleich!
Karlheinz Deschner

Lieber Gott, mach die bösen Menschen gut und die guten Menschen etwas netter! *Mark Twain*

Ich habe an den lieben Gott eine einzige Bitte: Mach einen anständigen Menschen aus mir, aber niemals eine anständige Frau! *Ninon de Lenclos*

Gott – wenn Du bist – errette aus dem Grabe meine Seele – wenn ich eine habe.
Arthur Schopenhauer

Alle Menschen verkehren das **Vaterunser** und wollen nur, daß ihr Wille geschehe. *Alter Spruch*

In der Kirche **singen** immer die am lautesten, die falsch singen. *Franz Grillparzer*

Was die Predigt offenläßt, übertönt die **Orgel.**
Karlheinz Deschner

Beichte:
Urform angewandter Psychotherapie.
Ron Kritzfeld

Die größten Annäherungswerte an einen Beichtvater erreicht wahrscheinlich der Barkeeper.
Peter Sellers

Die meisten Menschen beichten am liebsten die Sünden anderer Leute. *Graham Greene*

Weihrauch:
auf dem Gebiet der Religion ein für die Nase bestimmtes Argument. *Ambrose Bierce*

Kollekte:
wenn ein Mensch, den wir noch nie gesehen haben, Geld von uns verlangt für Menschen, die er noch nie gesehen hat, und die ihn noch nie gesehen haben, und die wir noch nie gesehen haben, und die uns noch nie gesehen haben, und die das Geld nie zu sehen bekommen. *Curt Goetz*

Die Hosenknöpfe sind so teuer geworden, daß es sich wieder lohnt, echte Münzen in den **Klingelbeutel** zu werfen. *Werner Mitsch*

Spende für die Kirchengemeinde:
Geld, das man vorausschickt, weil man es nicht mitnehmen kann. *Anonym*

Wie manche meinen wohltätig zu sein und wollen mit ihrer Gabe nur den Herrgott bestechen.
Wilhelm Lichtenberg

Kirchensteuer:
irdische Zwangsabgabe für einen Platz im Jenseits. *Ron Kritzfeld*

Von der Kirchensteuer, die ich zahle, könnte ich mir einen eigenen Pastor halten. *Loriot*

Das Wort »Kirchensteuer« suchte ich bisher in der Heiligen Schrift vergebens. *Werner Mitsch*

Taufe, Hochzeit und Beerdigung

Manche möchten von den Religionen nur die Feiertage übernehmen. *Billy Graham*

taufen:
ein hilfloses Kind feierlich mit einem Namen strafen. Hierbei wird das Kind angefeuchtet, da der Name sonst nicht klebt. *Ambrose Bierce*

Hochzeit:
eine Zeremonie, bei der zwei Personen versprechen, eine zu werden, eine verspricht, nichts zu werden, und nichts verspricht, erträglich zu werden. *Ambrose Bierce*

Ehe:
das einzige Glücksspiel, zu dem die Kirche ihren Segen gibt. *Anonym*

– ein Kampf auf Leben und Tod, vor welchem die beiden Gatten den Himmel um seinen Segen bitten. *Honoré de Balzac*

Begräbnisfeier:
Zusammenkunft, bei der manchem Menschen die erste Ehre erwiesen wird. *Ron Kritzfeld*

Grabreden:
Leichenschmus. *Georg Kreisler*

Der **Sarg,** das sind die Bretter, welche die andere Welt bedeuten. *Daniel Spitzer*

Zweiter Advent:
ein Schotte mit einer Kerze vor einem Spiegel.
Anonym

Es ist zumindest fraglich, ob Gänse, Enten und Puten **Weihnachten** wirklich als das Fest des Friedens betrachten. *Camille Rocheteau*

Tod und Unsterblichkeit

sterben:
die erste Vorbedingung für die Unsterblichkeit.
Stanislaw Jerzy Lec

Sterblichkeit:
jener Teil der Unsterblichkeit, über den wir Bescheid wissen. *Ambrose Bierce*

Man stirbt nicht an einer bestimmten Krankheit, man stirbt an einem ganzen Leben. *Charles Péguy*

Ich fürchte mich nicht vor dem Sterben, aber die Welt in mir fürchtet sich vor dem Untergehn.
Felix Pollak

Tod:
eine Premiere ohne Reprise. *Zarko Petan*

mein Tod:
das Ende der Welt. *Ron Kritzfeld*

Der Tod geht mich eigentlich nichts an, denn wenn er ist, bin ich nicht mehr, und solange ich bin, ist er nicht. *Epikur*

Unsterblichkeit:
die Sehnsucht von Millionen, die schon an einem verregneten Sonntagnachmittag nichts mit sich anzufangen wissen. *Susan Ertz*

Für die, welche an keine Unsterblichkeit glauben, gibt es auch keine. *Ludwig Börne*

Auch diese Minute ist ein Teil der **Ewigkeit**.
Anonym

Mit dem ewigen Leben sollte man es halten, wie das in den Hamburger Familien mit dem Gelde gehalten wird: Man hat es, aber man spricht nicht davon. *Günther Debon*

Wir wissen nicht, was wir mit diesem kurzen Leben anfangen sollen, und trotzdem wünschen wir uns ein anderes von ewiger Dauer.
Anatole France

Ein Mensch, ungläubig und verrucht,
dummdreist das Ewige verflucht.
Was aber wird ihm wohl begegnen,
muß er das Zeitliche einst segnen? *Eugen Roth*

Dieser ganze komplizierte Mensch für ein einziges kurzes Leben? Nein, das wäre zu wenig.
Heinz Rühmann

Der Mensch und seine Seele

Mensch:
dasjenige Wesen, das zwischen Gott und der Welt steht. *Friedrich Gogarten*

– die Krone der Schöpfung. Wie schade, daß es eine Dornenkrone ist. *Stanislaw Jerzy Lec*

– das Wesen, welches die oberste Stufe in der sichtbaren Schöpfung einnimmt, welches sich sogar für das Ebenbild Gottes ausgibt, worüber sich jedoch Gott nicht sehr geschmeichelt fühlen dürfte. *Johann Nepomuk Nestroy*

Ein Gott ist der Mensch, wenn er träumt, ein Bettler, wenn er nachdenkt. *Friedrich Hölderlin*

Der Mensch kann genausogut ein Werkzeug Gottes wie ein Spielzeug des Teufels sein. Wahrscheinlich ist er beides. *Klaus Juner*

Jeder Mensch ist ein besonderer Gedanke Gottes. *Paul de Lagarde*

Die einzige **Seele**, die man wirklich retten muß, ist die eigene. *Anonym*

Die Seele ist unsterblich. Leider nicht in uns, sondern außerhalb. *Stanislaw Jerzy Lec*

Wenn wir eine unsterbliche Seele annehmen, so muß sie jedem Lebewesen zu eigen sein. Sie ausschließlich für den Menschen in Anspruch zu nehmen, ist überhebliche Anmaßung.

Frederick D. Schiff

Viertausend Bände über Metaphysik vermögen uns nicht begreiflich zu machen, was die Seele ist.

Voltaire

Liebe, Ehe, Mann und Frau

einen Menschen lieben:
ihn so sehen, wie Gott ihn gemeint hat.

Fedor Dostojewski

Liebe deinen Nächsten wie dich selbst – aber was tun, wenn man sich selbst nicht ausstehen kann?

Achim Ballert

Den Nächsten lieben heißt Gott in seinem Bilde lieben. *Nikolaus von Kues*

»Seinen Nächsten lieben!« Gern, aber sie muß auch wollen. *Hugo Olaerts*

Unter Nächstenliebe verstehen viele Männer die Liebe zur nächsten Frau. *Erika Pluhar*

Sie reden soviel von Nächstenliebe – aber die Fernsten sind ihnen am liebsten. *Bernhard Pollak*

Was Männer und Frauen im Himmel tun, wissen wir nicht. Sicher ist nur, daß sie nicht **heiraten.**

Jonathan Swift

Nach Abschaffung der Gladiatorenkämpfe richteten die Christen das **Eheleben** ein.

Guido Ceronetti

Es kann der Frömmste nicht in Frieden leben, wenn er der Nachbarin gefällt. *Harald Romeikat*

Auch wer an nichts glaubt, braucht eine Frau, die an ihn glaubt. *Eugen Rosenstock-Huessy*

Viele **Männer** denken an ihre Frauen, wie sie an ihre Religion denken – sie nehmen keine Notiz von ihr, haben aber das beruhigende Gefühl, daß sie da ist. *Anonym*

Ohne **Frauen** geht es nicht. Das hat sogar Gott einsehen müssen. *Eleonora Duse*

Frauen sind eines der Rätsel des Allmächtigen, um den Männern zu zeigen, daß er mehr weiß als sie. *Ellen Glasgow*

Gott ist leider nicht galant. Sonst hätte er uns die Falten an die Fußsohlen gemacht und nicht ins Gesicht. *Ninon de Lenclos*

Die Welt der Bibel

Adam:
der erste Entwurf für Eva. *Jeanne Moreau*

Eifersucht ist so alt wie die Menschheit: Als Adam einmal spät heimkam, fing Eva an, seine Rippen zu zählen. *Anonym*

Jeder Adam braucht seine Eva, der er die Schuld an seinen Unzulänglichkeiten zuschieben kann. *Graffito*

Adam war nichts als ein Rohentwurf, und die Schöpfung des Menschen ist Gott erst völlig gelungen, als er Eva erschaffen hat. *Simone de Beauvoir*

»Seid fruchtbar und mehret Euch!« Als das Gebot erging, lebten zwei Menschen auf der Erde. *Johannes Gross*

Es hätte nicht des Apfels bedurft, Adam zu verführen. Eva allein schon genügte. *Marianne Langewiesche*

Wie muß Adam das Gefühl ausgekostet haben, Dinge zu sagen, die vor ihm noch keiner gesagt hat. *Mark Twain*

Wirklich unersetzlich in der Geschichte der Menschheit waren nur Adam und Eva.
Mark Twain

Es wäre interessant zu erfahren, wie die ersten zwei Menschen erschaffen worden sind. Aber es ist beruhigend, daß man ganz genau weiß, wie der dritte entstanden ist. *Peter Sellers*

Eva ist die umgearbeitete, verbesserte und verkürzte Ausgabe von Adam. *Helen Vita*

Wenn man das **Alte Testament** liest, erkennt man, daß unsere Vorväter viel mehr über die Sexualität gewußt haben als wir. *Ruth Westheimer*

Die Grundlage des Christentums ist ein **Apfel.**
Gustave Flaubert

Adam war ein Mensch. Er wollte den Apfel nicht des Apfels wegen, sondern weil er ihm verboten war. *Mark Twain*

Daß es eine Sünde ist, wenn man in einen Apfel hineinbeißt, das kann ich nicht verstehen. Und auf der anderen Seite heißt es immer: Eßt frisches Obst! *Karl Valentin*

Babel:
Großbauprojekt des biblischen Altertums, das an Kommunikationsproblemen scheiterte, was auch heutzutage nicht selten vorkommt. *Anonym*

Bibel:
das heilige Buch unserer Religion, im Unterschied zu den falschen und profanen Schriften, auf denen alle anderen Glaubenslehren beruhen.
Ambrose Bierce

– ein wunderbares Buch, aber es stehen ein paar sehr seltsame Sachen darin. *König Georg V.*

Bert Brecht auf die Frage nach seiner Lieblingslektüre: »Sie werden lachen: die Bibel.«

Was mich an der Bibel stört, sind nicht die Teile, die ich nicht verstehe, sondern diejenigen, die ich kapiere. *Mark Twain*

Es gibt offenbar nur eine Methode, die Bibelkenntnisse des heutigen Menschen zu verbessern: Man müßte die Lektüre der Bibel verbieten.
George Pickford

Die Bibel lehrt, unsere Feinde zu lieben wie unsere Freunde, vermutlich, weil es dieselben sind.

Vittorio de Sica

Als die ersten Missionare nach Afrika kamen, besaßen sie die Bibel und wir das Land. Sie forderten uns auf zu beten, und wir schlossen die Augen. Als wir sie wieder öffneten, war die Lage genau umgekehrt: Wir hatten die Bibel und sie das Land. *Desmond Tutu*

Das Buch der Bücher beginnt mit einem Mann und einer Frau in einem Garten – und schließt mit Offenbarungen. *Oscar Wilde*

Die Außerirdischen haben die Rollen der **Engel** übernommen. *Anonym*

Wenn die Engel für Gott spielen, so spielen sie Bach, füreinander aber spielen sie Mozart.

Isaiah Berlin

Engel sind geschlechtslos. Das macht sie so friedlich. *Gerlind Fischer-Diehl*

An außerirdische Wesen glauben viele, die an Engel nicht glauben würden. Und umgekehrt.

Johannes Gross

So sehr verlangen wir manchmal, Engel zu werden, daß wir vergessen, gute Menschen zu sein.

Franz von Sales

Im Himmel ist ein Engel nichts Besonderes.

George Bernard Shaw

Evangelist:
der Überbringer einer freudigen Botschaft, insbesondere (im religiösen Sinne) einer, die uns das Seelenheil und unserem Nächsten Verdammnis verheißt. *Ambrose Bierce*

Feigenblatt:
alttestamentarische Modetorheit. *Anonym*

Himmel:
ein Ort, wo einen die Bösen nicht mehr mit ihren eigenen Angelegenheiten belästigen und die Guten einem zuhören, wenn man die eigenen darlegt. *Ambrose Bierce*

Alle Erfolge der Raumfahrt haben die Vorstellung der Menschen nicht ausrotten können, daß der Himmel oben und Wohnsitz des Guten und Schönen, die Erde unten und Schauplatz irdischer Plagen sei. *Anonym*

Wer den Himmel auf Erden sucht, hat im Erdkundeunterricht geschlafen. *Stanislaw Jerzy Lec*

Den Himmel stelle ich mir schrecklich langweilig vor. Gar keine Bekannten. *Wilhelm Lichtenberg*

Wer den Himmel nicht in sich selber trägt, sucht ihn vergebens im ganzen Weltall. *Otto Ludwig*

Der Nachteil des Himmels besteht darin, daß man die gewohnte Gesellschaft vermissen muß. *Mark Twain*

Das größte Vergnügen auf der Welt hat der Mensch am Sex, und dennoch läßt er ihn im Himmel nicht zu. *Mark Twain*

Die verborgene Quelle des Humors ist nicht Freude, sondern Kummer. Ich glaube nicht, daß es im Himmel sehr humorvoll zugeht. *Mark Twain*

Mit dem Ruhm halte ich es wie der Mann, der sich unvermutet im Himmel wiederfand. Er zerbrach sich nicht den Kopf, ob er's verdient habe, sondern blieb einfach und sagte kein Wort. *Walt Whitman*

Hölle:
Science-fiction vergangener Zeiten. *Anonym*

– ein Ort, wo Frauen ohne Spiegel, Männer ohne Selbstachtung und Uhren ohne Zeiger auskommen. *Jean-Paul Sartre*

Im Himmel gibt's kein Telefon, und Fernsehen gibt's nur in der Hölle. Zur Strafe. *Rudi Carrell*

Wer an die Hölle glaubt, der hat sie auch verdient. *Heinrich Heine*

Wenn, wie im »Jedermann«, jedermann in den Himmel kommt, wenn er im letzten Augenblick noch seine Sünden bereut, warum gibt es dann überhaupt noch eine Hölle?
Wolfgang Hildesheimer

Die heißesten Plätze in der Hölle sind für jene reserviert, die auf Erden zu allem zustimmend genickt haben. *Robert Kennedy*

Ein immerwährender Feiertag ist eine gute, allgemeinverständliche Definition der Hölle.
George Bernard Shaw

Die klimatischen Bedingungen in der Hölle sind sicher unerfreulich, aber die Gesellschaft dort wäre von Interesse. *Oscar Wilde*

Ich kann mir nicht vorstellen, daß in der Jury des **Jüngsten Gerichts** nicht auch die Delphine und die anderen Spezies sitzen, die wir umbringen.
Carl Amery

Es gibt eine Aufgabe, mit der ich nicht betraut sein möchte: am Tage des Jüngsten Gerichts Lieber Gott sein. *William Somerset Maugham*

Offenbarung:
ein berühmtes Buch, in dem der heilige Johannes alles verbarg, was er wußte. Das Offenbaren wird von Kommentatoren übernommen, die von nichts wissen. *Ambrose Bierce*

Die Menschen haben schon immer zu Übertreibungen geneigt. Vielleicht war die Schlange im **Paradies** bloß ein Wurm im Apfel? *Ilona Bodden*

Unsere Vorfahren haben das Paradies für einen Apfel hergegeben. Was hätten sie erst für einen gefüllten Truthahn getan?
Jean Anthelme Brillat-Savarin

»Glücklich sind die geistig Armen, denn ihrer ist das Himmelreich« – mein Gott, wenn dieser Satz zutrifft, dann leben wir ja bereits im Paradies.
Millor Fernandes

Das Fatale am Paradies ist das: Man kann es nur im Leichenwagen erreichen. *Sacha Guitry*

Der Utopist sieht das Paradies, der Realist das Paradies plus Schlange. *Friedrich Hebbel*

Prophet:
einer, der durch das Schlüsselloch ins Himmelreich geblickt hat. *Ron Kritzfeld*

Vergebens predigt **Salomo**.
Die Leute machen's doch nicht so. *Wilhelm Busch*

Satan:
einer, der die Sünde kennen und lieben lernte.
Ron Kritzfeld

Jeder verteufelt den Satan. Warum versucht eigentlich keiner, ihn zu bekehren? *Werner Mitsch*

Wir können unser Geschlecht bis zu Kaiser Barbarossa zurückverfolgen! Und wie alt ist Ihre

Familie? – Schwer zu sagen: Alle unsere Unterlagen gingen bei der **Sintflut** verloren. *Anonym*

Das einzige, was Gott davon abhält, eine zweite Sintflut zu schicken, ist die Tatsache, daß die erste nutzlos war. *Nicolas Chamfort*

Bei der nächsten Sintflut wird Gott nicht Wasser, sondern Papier verwenden. *Romain Gary*

Ich habe es schon häufig als bedauerlich empfunden, daß Noah und seine Sippe das Boot nicht verpaßt haben. *Mark Twain*

Während der ersten Sintflut retteten sich die Menschen vor der Natur. Während der zweiten Sintflut versucht sich die Natur vor den Menschen zu retten. *Werner Schneyder*

Teufel:
der Sündenbock Gottes. *Anonym*

– ein Optimist, wenn er glaubt, er könne die Menschen noch schlechter machen, als sie es schon sind. *Karl Kraus*

Pfui: des Teufels Vorname. *Anonym*

Es gibt Frauen, die sich Gott erst dann zu Füßen werfen, wenn der Teufel sie nicht mehr haben will. *Henry Miller*

Die raffinierteste List des Teufels: uns einzureden, daß es ihn gar nicht gibt. *Charles Baudelaire*

Eine Entschuldigung für den Teufel: Man darf nicht vergessen, daß wir in dem ganzen Fall immer nur eine Seite gehört haben: Gott hat all die Bücher geschrieben. *Samuel Butler*

Der Teufel hat keinen einzigen bezahlten Mitarbeiter; die Opposition beschäftigt eine Million. *Mark Twain*

Der Teufel selbst hat vermutlich die Hölle neu gestaltet, nachdem ihm durch die Konstruktionspläne unserer Flughäfen zahlreiche Anregungen zuteil geworden sind. *Anthony Price*

Wenn die **Zehn Gebote** der Zustimmung der Vereinten Nationen bedürften, wäre man bestimmt erst beim Dritten angelangt. *Anonym*

Ich weiß, warum die Zehn Gebote Gottes so völlig eindeutig klar und unmißverständlich sind; sie wurden nämlich nicht auf einer Konferenz beschlossen. *Konrad Adenauer*

Die Vereinten Nationen in ihrer jetzigen Zusammensetzung würden nicht einmal die Zehn Gebote verabschieden, weil sie aus Israel kommen.

Abba Eban

Die Zehn Gebote sind deshalb so kurz und verständlich, weil sie ohne die Mitwirkung einer Expertenkommission entstanden sind.

Charles de Gaulle

Sagen Sie mir, was Sie wollen über die Zehn Gebote: Sei'n wir froh, daß es nur zehn sind.

Henry Louis Mencken

Kirchliches Vokabular

Barmherzigkeit:
eine liebenswerte Eigenschaft des Herzens, die uns veranlaßt, anderen die Laster und Sünden nachzusehen, denen wir selbst frönen.

Ambrose Bierce

Der Glaube an einen übernatürlichen Ursprung des Bösen ist nicht notwendig; die Menschen sind von sich aus zu jeder Gemeinheit durchaus fähig.

Joseph Conrad

Demut:
– einzig geziemende Geisteshaltung der Menschen, wenn sie mit ihrem Gott oder mit uns sprechen.

Markus Hattstein

– die erste aller Tugenden – für andere Leute.

Oliver Wendell Holmes

Frömmigkeit:
die Verehrung eines höchsten Wesens, beruhend auf der Vermutung, es gleiche dem Menschen.

Ambrose Bierce

Gott müßte die Frömmigkeit so zuwider sein wie einem ehrenwerten Menschen die Schmeichelei.

Karl Peltzer

Sünde:
etwas, das wir keinem anderen gönnen. *Anonym*

– alles, was andere genießen und du nicht.
Anonym

»Nun, wie war es in der Kirche?« – »Der Pfarrer hat gepredigt.« – »Natürlich. Und worüber?« – »Über die Sünde.« – »Ja, und was hat er denn gesagt?« – »Er war dagegen. *Anonym*

»Was müssen wir zuerst tun, damit uns Gott unsere Sünden vergeben kann?« – »Sündigen, Herr Pfarrer.« *Anonym*

Das Gewissen hindert uns nicht, Sünden zu begehen. Aber es hindert uns leider, die Sünden zu genießen. *Salvador de Madariaga*

Wir haben viele Sündenböcke für unsere Sünden, aber am beliebtesten ist die Vorsehung.
Mark Twain

Die christliche Todsünde der Trägheit des Herzens maskiert sich oft als noble Nichteinmischung. *Hans Habe*

Versuchung:
ein Parfüm, das man so lange riecht, bis man die Flasche haben möchte. *Jean-Paul Belmondo*

Versuchungen kommen meist durch absichtlich offengelassene Türen. *Gilbert Keith Chesterton*

Wunder:
ein Ereignis, das Glauben schafft.
George Bernard Shaw

Das Wunderbarste an den Wundern ist, daß sie manchmal wirklich geschehen.
Gilbert Keith Chesterton

An Wundern ist niemals Mangel in der Welt, sondern nur am Sichwundernkönnen.
Gilbert Keith Chesterton

Wer nicht an Wunder glaubt, ist kein Realist.
David Ben Gurion

Zölibat:
jene kirchliche Einrichtung, die es Priestern gestattet, ohne Frau zu leben und das als Verzicht auszugeben. *Ron Kritzfeld*

– das Verhütungsmittel des Klerus. *Hugo Olaerts*

Theologie und Theologen

Theologie:
die Kunst, Glaubenssätze als Wahrheiten anzubieten. *Anonym*

Reformation ist der Sieg der Wissenschaft vom Glauben über den Glauben selbst, der Sieg der Theologie über die Religion. *Egon Friedell*

Es gibt nur einen Gott, aber mindestens so viele Theologien wie Theologen. *Ron Kritzfeld*

Merkmal der wahren Theologie ist, daß sie nicht aufgeht. Der Schlußstein im Gewölbe darf nicht gesetzt werden, wenn der Himmel hereinschauen soll. *Heinz Zahrnt*

Drei **Theologen** diskutieren die Frage, wann das Leben beginnt. Der katholische Pfarrer sagt, mit der Zeugung. Der evangelische meint, mit der Geburt. Der Rabbiner erklärt: wenn der Hund tot ist und die Kinder aus dem Haus sind.
Anonym

Theologen tun gern so, als könnten sie Gott ins Notizbuch schauen. Woher nehmen sie eigentlich diese Anmaßung? *André Gide*

Ich wundere mich immer über die Menschen, vor allem Theologen, die so tun, als wüßten sie ganz genau, was Gott beabsichtigt. *Jean Giono*

Wenn ein Theologe nicht glaubt, dann ist er Atheist – und wenn er das ist, sollte er es auch sagen. *Hans Küng*

Gott wollte etwas mehr über sich erfahren, und er erschuf die Theologen. *Hellmut Walters*

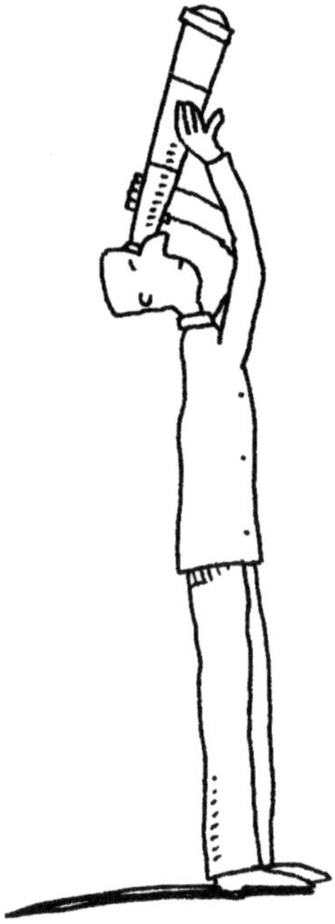

Der Atheist weiß nicht, wem er danken soll

Der schlimmste Augenblick für einen Atheisten: Er möchte danken und weiß nicht, wem. *Anonym*

Atheist:
ein Mensch, der ohne unsichtbare Unterstützung auskommen muß. *Anonym*

»Solange ich Gott nicht sehen kann, leugne ich seine Existenz«, sagte ein Atheist zu einem Pastor. »Wenn das ihr einziges Argument ist«, antwortete der, »dann leugne ich aus demselben Grund Ihren Verstand.« *Anonym*

Atheismus:
der Versuch, die Erde ohne die Sonne zu erklären. *Sigismund von Radecki*

Ich denke mir oft, was Gott wohl von den Menschen hält, die nicht an ihn glauben. Vermutlich amüsiert er sich über sie. *Paul Claudel*

Der Atheist ist das größte Kompliment, das Gott sich selbst zollt: Er schafft ein Wesen, das stark genug ist, von ihm abzusehen.
Ernst Wilhelm Eschmann

In Flugzeugen gibt es während starker Turbulenzen keine Atheisten. *Robert Lembke*

Der Atheist will keinen anderen Gott neben sich haben. *Bernhard Pollak*

Gott kann es verschmerzen, daß Atheisten seine Existenz leugnen. *John B. Priestley*

Wir waren fest entschlossen zu heiraten, aber da gab es einen religiösen Konflikt: Sie war Atheistin und ich bin Agnostiker. In welcher Religion sollten wir da unsere Kinder erziehen? *Woody Allen*

Ungläubiger:
in New York: jemand, der nicht an die christliche Religion glaubt; in Istanbul: jemand, der an sie glaubt. *Ambrose Bierce*

Ich nenne es Unglaube, wenn man an einer Bittprozession um Regen teilnimmt, ohne den Regenschirm mitzunehmen. *Anton Tschechow*

Aberglaube:
die verschämte Ausflucht von Leuten, die so viel lieber glauben würden. *Anita Daniel*

– der Glaube eines anderen. *Hugo Olaerts*

Rat für die Ratlosen

Glaube denen, die die Wahrheit suchen, und zweifle an denen, die sie gefunden haben!

André Gide

Richte nicht, damit du nicht gerichtet wirst ... ja, wenn man aber einander nicht richten soll, haben die Menschen nichts, um sich zu unterhalten.

Maxim Gorkij

Nehmt den Philosophen ihre Dunkelheiten nicht übel! Sich über die letzten Dinge unmißverständlich auszusprechen, ist nicht einmal Gott gelungen.

Hans Krailsheimer

Liebe deinen Nächsten wie dich selbst. Denn: Jeder ist sich selbst der Nächste.

Karl Kraus

Fallt den Männern in den Arm, ihr Frauen, wenn sie die Welt zerstören wollen!

Papst Paul VI.

Be- und Erkenntnisse

Mein Mann hat die Religion gewechselt; er glaubt nicht mehr, daß er der liebe Gott ist.

Anonym

Mach mich nicht an, ich bin streng katholisch und will den Papst nicht enttäuschen! *Graffito*

Gott hat mir eine Behinderung geschickt, um mich daran zu erinnern, daß nicht ich der Größte bin, sondern er. *Muhammad Ali*

Wenn mir Gott nur ein klares Zeichen geben könnte! Etwa eine große Einlage zu meinen Gunsten auf eine Schweizer Bank. *Woody Allen*

Falls ich je einer Religion beitreten sollte, würde ich wahrscheinlich den Katholizismus wählen. Da gibt's wenigstens weibliche Heilige und die Jungfrau Maria. *Margaret Atwood*

Ich begreife, daß Gott nicht zu begreifen ist. Das ist all mein Wissen von ihm. *Ernst Barlach*

Seitdem mich die Nonnen in der Klosterschule vor Männern gewarnt haben, die mir Brillantencolliers im Austausch für meine Tugend anbieten würden, warte ich vergeblich auf ein solches Angebot. *Sarah Cullen*

Ich kenne fromme Leute, die hat ihr Glaube so stark gemacht, daß sie eher an Gott zweifeln als an sich. *Nikolaus Cybinski*

Im Internat von Rapton wurde ich vom damaligen Schulleiter Geoffrey Fisher regelmäßig verprügelt. Der wurde später Erzbischof von Canterbury. Das hat mich dem Christentum für immer entfremdet. *Roald Dahl*

Ich gehöre zu der Gruppe von Wissenschaftlern, die sich zu keiner der großen Religionen bekennen, aber ich meine doch, das Weltall könne kein zweckfreier Zufall sein. Das physikalische Universum ist einfach genial konstruiert. Zudem halte ich Geist und Verstand nicht für eine sinnlose und zufällige Laune der Natur… *Paul Davies*

Ich bediene mich der Mathematik, aber ich glaube nicht an sie. Ich glaube an Gott.
Albert Einstein

Ich bin ein agnostischer Katholik. Das ist in meinen Augen kein Widerspruch. Ich glaube nur, weil ich sicher bin, daß wir nichts wissen können. *Graham Greene*

Ich bin persönlich davon überzeugt, daß der liebe Gott spätestens zur Zeit der Inquisition aus der Kirche ausgetreten ist. *Udo Jürgens*

Ich dank es dem lieben Gott tausendmal, daß er mich zum Atheisten hat werden lassen.
Georg Christoph Lichtenberg

Ich könnte mir vorstellen, daß ein Mensch auf die Erde hinabblickt und behauptet, es gebe keinen Gott; aber es will mir nicht in den Sinn, daß einer zum Himmel aufschaut und Gott leugnet.
Abraham Lincoln

Ich glaube an Gott, wenn ich ihn dringend brauche. *Astrid Lindgren*

Ich möchte mich, was Himmel und Hölle betrifft, nicht festlegen, habe ich doch da wie dort gute Freunde. *Mark Twain*

Das Universum bringt mich in Verwirrung; ich kann nicht verstehen, wie ein solches Uhrwerk bestehen kann ohne einen Uhrmacher. *Voltaire*

Nach-Worte

Solange einer an Gott glaubt und gute Bücher um sich hat, kann man nicht von ihm sagen, er stehe ohne Freunde da. *Elizabeth Barrett Browning*

Nicht beim Kauf, beim Lesen gehen Bücher in unser Eigentum über. *Rupert Schützbach*

Warum soll man sich nicht mit Büchern unterhalten? Sie sind oft ebenso klug wie Menschen und oft ebenso spaßhaft, und sie drängen sich weniger auf … *Hermann Hesse*

Nichts mißfällt uns so sehr wie eine Einsicht, die uns nicht recht gibt. *Lord Halifax*

Sprachkürze gibt Denkweite. *Jean Paul*

Es ist keine Kunst, etwas kurz zu sagen, wenn man etwas zu sagen hat.
Georg Christoph Lichtenberg

»Alles Heitere sollte kurz sein –

3-8218-3459-5

3-8218-3458-7

3-8218-3462-5

3-8218-3460-9

3-8218-3461-7

3-8218-3463-3

Jeder Band: 80 Seiten · Halbleinen · gebunden

Außerdem erhältlich: Zitatenschatz für das Büro 3-8218-3529-x · **Feinschmecker** 3-8218-3541-9 · **Hochzeit** 3-8218-3532-x · **Bücherfreunde** 3-8218-3539-7 · **Mütter** 3-8218-3533-8 · **Musik- und The**
terfreunde 3-8218-3530-3 · **Österreicher** 3-8218-3542-7 · **50. Geburtstag** 3-8218-3531-1 · **65. Geburtstag** 3-8218-3543-5 · **Politik** 3-8218-3545-1

alles Ernste übrigens auch.«

(Voltaire)

3-8218-3547-8

3-8218-3721-7

3-8218-3548-6

3-8218-3720-9

3-8218-3544-3

3-8218-3546 -x

Eichborn.

Kaiserstraße 66
60329 Frankfurt
Telefon: 069 / 25 60 03-0
Fax: 069 / 25 60 03-30
www.eichborn.de

Wir schicken Ihnen gern ein Verlagsverzeichnis.